ÉTUDE DE LÉGISLATION COMPARÉE

# LE RÉGIME DE LA COMMUNAUTÉ

## ENTRE ÉPOUX

## DANS LE NOUVEAU CODE CIVIL PORTUGAIS

PAR

**MARCEL GUAY**

DOCTEUR EN DROIT, AVOCAT A LA COUR DE PARIS,

MEMBRE DE LA SOCIÉTÉ DES GENS DE LETTRES.

(ARTICLE EXTRAIT DE *LA FRANCE JUDICIAIRE*)

PARIS

**A. DURAND et PEDONE-LAURIEL, Éditeurs,**

LIBRAIRES DE LA COUR D'APPEL ET DE L'ORDRE DES AVOCATS

G. PEDONE-LAURIEL, SUCCESSEUR

13, rue Soufflot, 13.

1880

ÉTUDE DE LÉGISLATION COMPARÉE

# LE RÉGIME DE LA COMMUNAUTÉ

## ENTRE ÉPOUX

## DANS LE NOUVEAU CODE CIVIL PORTUGAIS



PAR

**MARCEL GUAY**

DOCTEUR EN DROIT, AVOCAT A LA COUR DE PARIS,

MEMBRE DE LA SOCIÉTÉ DES GENS DE LETTRES.

(ARTICLE EXTRAIT DE *LA FRANCE JUDICIAIRE*)

PARIS

**A. DURAND et PEDONE-LAURIEL, Éditeurs,**

LIBRAIRES DE LA COUR D'APPEL ET DE L'ORDRE DES AVOCATS

G. PEDONE-LAURIEL, SUCCESSEUR

13, rue Soufflot, 13.

1880

ÉTUDE DE LÉGISLATION COMPARÉE

# LE RÉGIME DE LA COMMUNAUTÉ

## ENTRE ÉPOUX

## DANS LE NOUVEAU CODE CIVIL PORTUGAIS

Le droit portugais est à peu près inconnu en France; il mériterait pourtant d'être étudié. Le Portugal, quelque restreinte que soit l'étendue de son territoire, a tenu une grande place dans l'histoire de l'humanité par sa lutte contre les Arabes, ses grandes découvertes maritimes, ses prodigieuses conquêtes, ses merveilleuses colonisations. Un peuple qui a accompli d'aussi grandes choses à l'extérieur, mérite d'être étudié dans ses institutions et dans ses lois. L'oubli dans lequel l'ont laissé les travaux des jurisconsultes et des historiens du droit nous semble injuste. Le Portugal, qui a une telle individualité dans l'histoire, en a une aussi grande dans sa législation, qui contient des parties tout à fait originales. Les grands jurisconsultes n'ont pas plus manqué à ce pays que les grands souverains, les grands capitaines, les grands navigateurs; et pourtant, qui connaît le jurisconsulte Alvaro Valasco, auteur de traités qui peuvent prendre place à côté des travaux juridiques les plus estimés des autres pays? Nous voudrions faire connaître au moins quelques parties du droit portugais. Peut-être déciderions-nous de plus habiles et de plus érudits à y pénétrer.

En attendant, et comme preuve de l'originalité réelle de la législation portugaise, voici, d'après le code de 1867, quel est le régime pécuniaire du mariage dans le droit commun.

Les jurisconsultes portugais revendiquent avec orgueil pour leur législation une origine nationale. Ce n'est pas du droit canonique, ni du droit romain, ni du droit germanique que sont nées les institutions civiles de leur pays. Elles sont nées sur le sol lui-même, des idées, des sentiments, des besoins. C'est le peuple portugais qui a fait lui-même son droit.

Ce droit est consigné dans des recueils respectés autant que célèbres en

Portugal : les ordonnances *Alphonsines*, qui remontent à 1446 ; les ordonnancès *Manuélines*, qui datent de 1521 ; les ordonnances *Philippines*, promulguées en 1603 et qui aujourd'hui ont été refondues et remplacées par le code civil de 1867.

Mais si ce droit porte le nom de trois souverains de Portugal : Alphonse V, Emmanuel et même Philippe III, le successeur du conquérant espagnol, il faut bien se garder de croire qu'il soit l'œuvre de la royauté. Les jurisconsultes font remarquer que ces rois n'ont pas fait œuvre de créateurs d'un droit nouveau ; ils ont été seulement comme les collectionneurs des institutions anciennes, des usages consacrés par le temps, des coutumes.

La coutume forme le fonds du droit portugais. De même, le droit français ancien est aussi né de la coutume ; il n'est pas l'œuvre de nos rois. Si, au seizième siècle, il a été écrit par les délégués royaux, ceux-ci n'ont été que des greffiers écrivant, pour ainsi dire, sous la dictée de la population, qui leur disait de quelle manière le droit matrimonial, le droit successoral, le droit testamentaire, etc., étaient pratiqués.

Les populations de l'ancienne France régies par le droit coutumier n'ont pas reçu leurs institutions civiles du souverain, mais d'elles-mêmes, et les rois se sont bornés à enregistrer ce qu'avaient fait les idées, les sentiments et les besoins du peuple français; de même, en Portugal, le peuple n'a reçu son droit que de lui-même : lui-même et les rois n'ont été que les rédacteurs de ce qu'il avait fait. Les dénominations : ordonnances Alphonsines, Manuélines, Philippines ne veulent pas dire droit imposé au peuple par Alphonse, Manuel ou Philippe, mais bien droit conçu et pratiqué par le peuple et recueilli par ces trois souverains, qui en ont donné une rédaction officielle. Les jurisconsultes reviennent sur ce point avec trop d'insistance, notamment Mello Freire, pour que nous omettions de le signaler.

Voyons maintenant quel droit matrimonial avait fait la nation portugaise, comment elle avait entendu les droits de la femme dans l'association conjugale et sur les biens de la famille.

La communauté universelle est le droit commun matrimonial des Portugais. Mais c'est une communauté universelle *sui generis*, plus favorable à la femme que la communauté du droit français, lui reconnaissant des droits plus étendus et, en conséquence, diminuant les droits du mari. Peut-être ne faut-il pas nous en étonner; souvenons-nous, en effet, qu'en Portugal les femmes ont droit de commander au peuple, de devenir reines. Reines dans l'État, il est logique qu'elles aient moins de subordination, qu'elles jouissent de droits plus étendus que dans les pays où il leur est interdit de régner. Leur capacité politique peut expliquer leur capacité civile.

Les jurisconsultes portugais nous ont retracé l'histoire fort intéressante de l'établissement de la communauté universelle dans leur pays. On sait que le royaume de Portugal a été fondé par des gentilshommes français au douzième siècle. Un prince français de la maison de Bourgogne, à la tête des chrétiens du pays, chassa devant lui les conquérants musulmans et créa le comté de Portugal entre le Minho et le Douro. Or, les vainqueurs établirent un droit tout aristocratique. Comme la femme, dans les sociétés guerrières, où la force prévaut, ne peut avoir des droits fort étendus, on comprend que sa capacité civile, au milieu de l'aristocratie guerrière du nord du Portugal, ne pouvait être que restreinte. C'est alors qu'un double fait se produisit : d'une part, cette aristocratie batailleuse, continuant de guerroyer contre les Musulmans, les chassa devant elle et les remplaça successivement par des colonies chrétiennes, mais sans abandonner ses établissements du Nord, les aristocraties n'émigrant généralement pas; d'autre part, les régions méridionales, l'Estremadure notamment, se couvrirent d'une population à peu près libre de toute sujétion, mais pauvre, qui grandit et se développa sans tutelle aristocratique. C'est au milieu de cette population du Portugal du Sud que prit naissance la communauté universelle, à peu près telle qu'elle s'est continuée jusqu'à nos jours, telle que nous la trouvons organisée dans le code portugais de 1867.

Alphonse V le constate lui-même. Il laisse les époux libres d'adopter le régime dotal romain ou tout autre dans leurs conventions matrimoniales, mais il proclame la communauté universelle comme le régime de droit commun que la coutume a institué en Portugal; et il ajoute, dans ses ordonnances, que le Portugal révère non seulement comme le premier recueil de ses lois, mais aussi comme un des plus anciens monuments de sa langue, pour lesquelles les jurisconsultes portugais professent les sentiments que Cicéron avait pour les lois romaines, tant au point de vue juridique qu'au point de vue philologique, que la communauté existe depuis longtemps en Portugal, mais a commencé en Estremadure, gagnant de là le reste du royaume. « Costume foi d'antigamente usado em estes Regnos, e escripto em a nossa Chancellaria *em tempo d'El Rey Dom Affonso o Terceiro*, em esta forma que se segue... E tamben podera aver lugar quando a Doaçom fosse feita antes que fossem casados, *e ao depois per casamento fossem communicados seus bens, segundo costume da Estremadura*, etc.[1]. »

Comme le remarquent avec infiniment de justesse MM. Lévy Maria Jordão et Seabra, la communauté, qui est le caractère du mariage des classes dont la richesse se réduit au travail commun des époux, devait presque infailliblement se développer dans l'Estremadure, « habitée alors par les classes ouvrières et de condition inférieure, à la différence de la province du Minho, où les familles les plus puissantes s'étaient concentrées et où le régime de la communauté eut de la peine à s'établir[2]. » C'est de l'Es-

1. Si les ordonnances du royaume furent réunies en corps régulier sous le règne d'Alphonse V, il n'est que juste d'en reporter l'honneur au régent de Portugal, le célèbre infant don Pedro d'Alfarrobeira, duc de Coïmbre, malheureusement moins connu en Europe que l'infant don Henrique. Ce point a été fort bien établi par M. Ferdinand Denis, qui a su, à la différence de plusieurs historiens, rendre une complète justice au second fils du fondateur de la dynastie d'Aviz. La postérité, injuste, n'a pas dégagé la vérité ni su reconnaître que l'infant fut un homme d'État dans toute l'acception du terme.

2. Cf. M. Seabra, *La Propriété*, tome I, page 305; Coïmbre, 1850.

tremadure que la pratique de ce régime s'étendit à presque tous les autres pays coutumiers et se généralisa au point de s'imposer au législateur de 1446.

Valasco, le grand jurisconsulte portugais, dans les profonds travaux juridiques dont il a doté son pays, a beaucoup exalté le régime de communauté. Il s'en est constitué le théoricien, et, pour lui donner plus d'autorité et plus d'éclat, il n'a pas craint d'en faire remonter l'origine à Plutarque et à Platon. Voici d'ailleurs comment l'auteur de la *Praxis partitionum et collationum inter hæredes* justifie son argumentation dans un passage qui nous a paru des plus curieux : *Hæc consuetudo regni hujus est antiquissima, ut bona omnia communicentur inter conjuges... Et est nimium rationabilis consuetudo ex pluribus : primo, ut qui communicant corpora, quod plus est, communicent etiam omnia bona, jura et actiones, quod minus est, quia excellentior est persona rebus (unde non incongruit, quod bona sequantur personam); — item ne quotidie in eadem domo sit illud jurgium inter conjugatos, quod esse consuevit, hoc est meum, illud est tuum, prout contingit in illis locis, in quibus hujusmodi consuetudo non viget; — tum etiam quia talis mutua communicatio bonorum vergit in eorum utilitatem, quia unusquisque conjugum procurabit illorum augmentum et conservationem, tanquam rei propriæ. Hæc consuetudo laudatur nimis a Plutarcho*[1].

Cette communauté, célébrée par Valasco, après avoir été promise par Platon dans l'ordre politique, et par Plutarque dans le droit familial, répondait si bien aux idées et aux besoins du Portugal que le législateur de 1867 n'a fait, en dernière analyse, que copier les ordonnances Philippines, qui n'étaient elles-mêmes que la reproduction des ordonnances Alphonsines et Manuélines. Seabra, l'éminent auteur du code civil qui régit aujourd'hui le Portugal, voulant démontrer dans son livre *De la propriété* l'excellence du régime de la communauté portugaise, le comparait à ces plantes qui croissent spontanément dans de certaines conditions géologiques et atmosphériques.

Le nouveau code civil du Portugal[2], comme notre code français, proclame la liberté pour les époux d'adopter tel régime matrimonial qui leur con-

1 La citation de Plutarque est empruntée aux *Préceptes du Mariage*, chap. 20. Ce passage est ainsi traduit par Amyot : « Platon écrit (*République*, liv. V, p. 91 de l'éditon grecque-latine de F. Didot) que la cité est bien heureuse et bien ordonnée, là où l'on n'entend point dire, cela est mien, cela n'est pas mien : pour ce que les habitans y ont toutes choses, mesmement celles qui sont de quelque importance, communes entre eux, autant comme il est possible. Mais ces paroles-là doivent bien encore plus être bannies hors du mariage..... Cette communauté de biens mesmement, doit être principalement entre ceux qui sont conjoints, qui doivent avoir mis en commun et incorporé tout leur avoir en une substance : de sorte qu'ils n'en réputent point une partie être propre à eux et une autre à autrui, ains le tout propre à eux et rien à autrui..... »

2. Le code de 1867 a donné lieu à un très remarquable commentaire, celui de M. José Dias Ferreira, ministre d'État honoraire, qui sera constamment notre guide.

vient ; mais, à défaut de stipulations particulières, il proclame que les époux sont mariés sous le régime de communauté universelle, qu'il appelle *mariage selon la coutume du royaume* (*casamento segundo o costume do reino*).

Aux termes de l'article 1108, « *le mariage selon la coutume du royaume* consiste dans la communauté, entre les époux, de tous leurs biens présents et futurs... » Tous les biens meubles et immeubles des époux, tant ceux qu'ils possédaient au jour du mariage que ceux acquis postérieurement, quelles qu'en soient la nature, la qualité ou la valeur, qu'ils aient été apportés par le mari ou par la femme, qu'il s'agisse de capitaux ou de revenus, ou des fruits du travail ou de l'économie des époux, composent, suivant l'expression des jurisconsultes portugais, « un fonds social » répondant des dettes de chacun des conjoints et sur lequel chaque époux a un droit égal de propriété et de possession (cf. art. 1117), sauf les seules exceptions énumérées dans l'article 1109, et qui se partage également entre les époux ou leurs représentants, en cas de dissolution du mariage ou de séparation de corps et de biens.

Par exception, l'article 1109 ci-dessus visé exclut seulement de la communauté, en leur donnant, par conséquent, le caractère de *propres*, les biens ci-après énumérés :

*a*) Les fonds emphytéotiques *de libre nomination* non encore convertis en fonds emphytéotiques temporaires[1].

*b*) Les biens donnés ou légués sous la condition qu'ils n'entreront point en communauté, ou les biens qui leur seront subrogés ;

*c*) Les biens dont l'un quelconque des époux aura hérité, en sa qualité de père ou mère, devenu veuf ou veuve, à la mort de l'enfant issu du précédent mariage, au cas où il existe des frères germains de l'enfant décédé ;

*d*) Les *deux tiers* des biens que possède l'époux convolant en secondes noces ou des biens qu'il recueillera dans la succession de ses parents, lorsqu'il a des enfants ou autres descendants issus d'un mariage antérieur. L'époux ne pouvant, dans ce cas, disposer que du *tiers* des biens en faveur de son conjoint (art. 1235), les deux autres tiers ne peuvent jamais entrer dans la communauté. Les auteurs portugais expliquent cette restriction en disant que le législateur a voulu empêcher des mariages dont la cupidité est généralement l'unique mobile.

*e*) Les linges et hardes à l'usage personnel des époux, ainsi que les bijoux donnés par le fiancé avant le mariage à titre de cadeaux de noces. On les exclut de la communauté à raison de leur nature même, car ils ne sont vraiment propres qu'à l'usage du conjoint auquel ils appartiennent.

Les différences entre notre droit et le droit portugais s'accentuent quand il s'agit du *passif* de la communauté. C'est là que commence à apparaître

1. L'emphytéose joue un rôle important dans la législation portugaise. Mais elle y est admise dans des conditions tellement spéciales que, pour être comprises, elles exigeraient des développements en dehors de notre sujet. Nous mentionnerons seulement certains fonds emphytéotiques pour ne rien omettre dans l'énumération des propres de communauté, mais nous n'expliquerons rien.

cette importance plus grande donnée au rôle de la femme dans l'association conjugale en Portugal, cette extension de ses droits et, en conséquence, la limitation des pouvoirs du mari sur les biens de la communauté *et même un amoindrissement des droits de celui-ci sur ses propres.* On se demande quelquefois, en lisant certains articles du code portugais et surtout certains écrits de ses commentateurs, si la supériorité du mari sur la femme qui est comme un article de foi dans la législation française, n'est pas acceptée avec répugnance par le législateur de 1867, et si ce n'est pas comme de force qu'il a déclaré, en ordonnant l'autorisation maritale pour certains actes, que la femme n'aurait pas des droits égaux à ceux de son mari. Certains juriconsultes, surtout parmi les jurisconsultes modernes, disent expressément que, si le mari est le chef de la communauté, ce n'est pas parce que la nature des choses le veut ainsi, mais parce qu'il fallait un chef dans cette association et qu'il était plus commode que ce fût lui.

L'ancien droit portugais avait déjà apporté des restrictions plus considérables aux droits du mari en ce qui touche le pouvoir de contracter des dettes. Il lui refusait le droit d'aliéner ou d'hypothéquer les biens de la communauté sans le consentement de la femme. Le mari avait toute liberté pour faire des acquisitions, pour enrichir la communauté, mais il était renfermé dans des règles étroites pour engager à des tiers le patrimoine commun. Le nouveau code est allé plus loin; un de ses commentateurs nous dit que le législateur de 1867 a fait une transaction « entre le vieux droit, qui déclarait la communauté tenue des dettes que le mari contracte seul et sans l'autorisation de la femme (sauf, bien entendu, le droit d'hypothéquer et d'aliéner, comme il a été dit plus haut) et les bons principes juridiques, lesquels exigent que le mari et la femme soient placés sur la même ligne dans la société conjugale, sous la réserve du rôle de chef attribué au mari.» Ces paroles de l'éminent interprète J. D. Ferreira sont caractéristiques et éclairent parfaitement la situation.

Aussi le législateur portugais, dans les articles 1113, 1114, 1115 et 1116 du code civil de 1867, établissant la classification des dettes qui composent le passif de la communauté, distingue soigneusement les dettes contractées par les deux époux des dettes contractées par les époux individuellement. Bien entendu, il annule les dettes contractées par la femme sans l'autorisation de son mari. Sous ce rapport, il est dans le même ordre d'idées que le législateur français; mais il refuse aux dettes contractées par le mari sans le consentement de la femme l'efficacité et la force qu'elles ont avec ce consentement. Le principe du droit portugais est que les dettes contractées par le mari seul durant le cours du mariage, sans l'autorisation de sa femme, ne grèvent point la part de la femme dans la communauté. Comme le disent les auteurs, « le mari, attendu sa qualité de chef de la famille, est habile à contracter sans l'autorisation de sa femme des dettes qui ne grèvent, d'ailleurs, que ses biens personnels et sa part de communauté. » Il y a plus. Le fait que des dettes ont été contractées par le mari seul sans l'autorisation de la femme, s'il donne au créancier un droit limité à la part du mari dans la communauté, s'oppose à ce que ce droit, même ainsi limité, puisse s'exercer au préjudice des droits de la femme. En effet, ce créancier devra attendre la dissolution de la communauté par mort ou autrement pour pouvoir exercer son droit de poursuite. Exercé pendant le mariage, le droit de poursuite nuirait à la femme et à l'association conjugale en les privant de la jouissance de la part afférente au mari dans l'actif de la communauté.

Que ces règles sont différentes de celles qui s'appliquent en France ! Combien la femme a plus de garanties, et, partant, plus d'indépendance ! quel droit de veto, pour tout dire, lui est donné !

Une disposition bien remarquable et singulièrement protectrice des intérêts de la famille se rencontre encore dans le droit portugais. Bien entendu, le code de 1867 met à la charge des biens personnels de chacun des époux la responsabilité pécuniaire ou civile des crimes et délits dont il est l'auteur. Mais la conséquence du principe que la part de la femme dans la communauté ne saurait être grevée que du consentement de la femme elle-même ou par des dettes auxquelles elle a consenti, est que la communauté est exonérée de toutes les amendes et de tous les dommages-intérêts prononcés contre le mari, aussi bien que des amendes et dommages-intérêts prononcés contre la femme. Néanmoins, cette règle n'est pas la plus originale. La disposition protectrice des droits de la famille est celle qui exonère la communauté des dettes contractées pendant le mariage au jeu, dans le libertinage ou autres vices. La doctrine admise, dès avant 1867, par les jurisconsultes portugais assimile le vice au crime et confond dans la même inefficacité les dettes qui sont le résultat du vice et celles qui sont le résultat du crime !

Une pareille disposition est évidemment sage en Portugal. Serait-il à désirer qu'elle fût imitée en France ? Nous pensons qu'elle pourrait donner lieu à beaucoup de difficultés pratiques. Il nous semble que, dans un grand pays comme le nôtre, elle présenterait de sérieux inconvénients par la nature des procès qu'elle ne manquerait pas de susciter. Ces règles sur la composition du passif de la communauté portugaise suffiraient à elles seules pour justifier notre désir de faire connaître une législatiou qui reconnaît à la femme mariée des droits et un veto dont nous n'avons nulle idée en France. Il devient évident, pour peu qu'on pénètre la législation du Portugal et qu'on lise les œuvres des commentateurs, que ce pays tend vers l'émancipation de la femme.

Nous ne voulons pas agiter ici la question du droit des femmes, puisque nous ne faisons qu'esquisser à grands traits un chapitre d'un code étranger. Cependant, il nous faut constater que ce droit de veto ne paraît pas conforme aux idées françaises sur la condition de la femme dans le mariage. Introduit en France, il deviendrait peut-être un élément de discorde dans la famille. Si on l'envisage au point de vue de ses conséquences économiques, il énerve l'action du créancier, il jette de l'incertitude sur le sort des engagements du mari, il apporte un trouble réel dans les intérêts. Ce qui est bon en Portugal pourrait être mauvais en France.

En ce qui touche l'*administration* et les droits de *libre disposition* des biens, que le code de 1867 a dû conférer au mari, non seulement sur les biens de la communauté, mais sur ses biens personnels et sur ceux de la femme, les droits du mari portugais sont singulièrement moindres que ceux du mari français. L'article 1117 porte textuellement : « La propriété et la possession de tous les biens de la communauté appartiennent aux deux époux. »

De ce principe, le législateur tire cette conséquence que le droit d'*aliénation* n'appartient pas au mari seul : la femme étant copropriétaire, le mari ne saurait disposer de la propriété commune sans son consentement. Le mari n'a qu'un droit qu'il puisse exercer seul, le droit *d'administration*. Nous voyons même que, bien que les jurisconsultes appellent le mari *caput mulieris*, c'est un chef dont le pouvoir le plus étendu lui-même, le pouvoir d'administrer, souffre encore des restrictions au profit de la femme.

Voyons maintenant les droits du mari : en ce qui concerne les biens de communauté, d'abord; ensuite, en ce qui concerne les propres de chacun des époux.

Le législateur portugais subdivise les *biens de communauté* en biens mobiliers et biens immobiliers.

En ce qui concerne les biens mobiliers, le droit du mari est absolu, sauf le droit de disposition à titre gratuit, qui est extrêmement limité. Il ne faut pas croire que le législateur portugais ait été infidèle à ses principes en reconnaissant le droit du mari d'aliéner seul les biens mobiliers de la communauté. Il était difficile de reconnaître à la femme le droit de venir quereller une possession mobilière, sous prétexte que son mari ne l'aurait pas consultée, ou attaquer une tradition sous prétexte qu'elle l'aurait désapprouvée. Aucune possession n'aurait été à l'abri de vexations, et de vexations inutiles, dénuées de résultat pratique, car, les transmissions mobilières pouvant s'opérer sans écrit, de la main à la main, la femme, attaquant la transmission faite par son mari, aurait été dans l'impossibilité de prouver par écrit ou autrement l'absence de son consentement et, par suite, le vice de l'aliénation.

Hâtons-nous de dire que le code s'est, pour ainsi dire, vengé en matière immobilière. Les immeubles se transmettant par écrit, il était possible de rattacher la légitimité de la transmission de la propriété immobilière à la preuve du consentement de la femme. Aussi le code de 1867 dispose-t-il que les immeubles de la communauté ne peuvent être aliénés par le mari seul : il lui faut le consentement de la femme. L'article 1119 s'exprime ainsi : « Le mari ne peut aliéner ou grever sous quelque forme que ce soit les immeubles de la communauté sans l'autorisation de la femme. Dans le cas de dissentiment ou d'opposition mal fondée, le consentement de la femme pourra être suppléé par la décision du juge. »

Quelle différence avec nos idées françaises! Mettons en regard de ce texte l'article 1421 de notre code : « Le mari administre seul les biens de la communauté. — Il peut les vendre, aliéner et hypothéquer sans le concours de la femme. » Comme les deux peuples ont envisagé différemment les droits du mari! Comme le Portugal les restreint!

Cette théorie n'est point nouvelle : le Portugais des temps héroïques, des temps aristocratiques, a pensé sur ce point ce que pense le Portugais des temps nouveaux. Dès la fin du moyen âge (1446), les ordonnances Alphonsines défendent déjà au mari de grever ou d'aliéner les immeubles lorsque le mariage est contracté selon la coutume du royaume. Les Philippines, postérieures de 150 ans, ont reproduit les mêmes dispositions.

Le mari portugais a donc les mains liées pour l'aliénation des immeubles communs ; et, s'il estime que la femme a tort de ne point l'autoriser, il la traduit en justice, il l'appelle devant les tribunaux. Et la femme a un droit si rigoureusement égal à celui du mari, que ce dernier ne peut obtenir du juge de briser sa résistance et de concéder l'autorisation qu'elle refuse, qu'autant qu'il prouve que ce refus d'autorisation est injuste et mal fondé, que l'aliénation présente pour la communauté un visible profit. — Il faut donc qu'il y ait lésion, mauvais vouloir manifeste, pour que l'immeuble commun puisse être aliéné sans le consentement de la femme. Est-il besoin de dire que, ainsi organisée, cette intervention de la justice dans la gestion financière de la communauté a quelque chose qui étonne ?

Si l'administration et la disposition des biens de la communauté portugaise présentent de si profondes différences avec les règles de la communauté légale du droit français, l'administration et la disposition des *biens propres* de chacun des époux dans les deux législations se distinguent par de notables dissemblances.

Remarquons cependant que ces dissemblances n'existent que dans l'administration des propres du mari. On sait que, d'après la loi française, le mari, quoique administrateur des propres de la femme, ne peut les aliéner sans son concours, et qu'il ne peut ester en justice sans elle, relativement à ses immeubles ; ces dispositions d'une législation peu restrictive des droits du mari se retrouvent naturellement dans un code aussi peu favorable au mari que le code portugais (Art. 1117, 1119, 1191).

Mais où la dissemblance s'accuse, profonde, entièrement profonde, c'est dans l'administration des propres du mari. Elle est libre aux mains du mari français, qui peut aliéner, hypothéquer seul sans sa femme. En Portugal, au contraire, en se mariant, l'homme place ses immeubles sous le contrôle et la surveillance de sa femme! Ses biens cessent de lui appartenir à lui seul, ils appartiennent aussi à sa femme! Sa fortune ne lui appartient plus, il n'est plus le maître d'en disposer ! Par le mariage, il s'est donné non seulement une compagne de sa vie, mais encore une maîtresse de ses biens!

Cette disposition, qui étonne au premier abord, semble se rattacher à la conception catholique du mariage, suivant laquelle l'idéal de l'association conjugale consiste dans la fusion de deux existences en une seule. Puisque, dans l'ordre immatériel, les deux existences n'en doivent former qu'une, dit la loi religieuse, les deux fortunes, dans l'ordre matériel et pécuniaire, doivent également se confondre par la force du mariage. Et, pour que cette unité se réalise, il faut que les mêmes règles gouvernent les deux patrimoines, sans quoi il resterait entre eux des distinctions, il n'y aurait pas fusion, il n'y aurait pas unité. C'est pour cela sans doute que, dans la mesure du possible, le législateur, ne laissant au mari que les pouvoirs de simple administrateur, qu'il était difficile de lui enlever, a à peu près appliqué les mêmes principes aux propres qu'aux biens communs, investissant, à cet effet, la femme d'un droit de contrôle et de surveillance, d'un droit de veto si original et si rare.

A coup sûr, les ancêtres des Portugais de nos jours, les créateurs du droit coutumier consigné à la fin du moyen âge dans les ordonnances Alphonsines, les législateurs qui ont élevé la femme mariée à ce haut degré d'indépendance matérielle ne pouvaient, il y a cinq siècles, devancer les idées des publicistes modernes sur le droit féminin. Ils subissaient, et ne pouvaient pas ne pas subir, l'influence des idées catholiques sur le mariage. Le culte de la Vierge, si répandu dans le midi de l'Europe, avait complètement transformé la condition de la femme ; il avait développé, dans le monde du moyen âge, ce qu'on a appelé l'excellence de la femme. On sait que la femme du moyen âge, sous l'empire des idées religieuses si ardentes de l'époque, prit un rang, une importance que l'antiquité n'avait pas connue. Quoi de surprenant, en conséquence, qu'un peuple aussi profondément catholique que le peuple portugais, aussi chevaleresque, aussi enthousiaste de la Vierge, ait donné à la femme, non seulement dans la constitution politique, mais encore dans l'ordre civil, dans sa législation, une place si éminente?

Inutile d'ajouter que, le code déniant au mari le droit d'aliénation de ses propres et cette aliénation n'étant possible qu'avec l'agrément de sa femme, il ne peut accepter seul la succession à lui échue et qu'il lui faut l'autorisation de sa femme.

Il n'en pouvait être autrement. A chaque pas, dans les commentateurs portugais, nous lisons qu'il est inadmissible qu'un acte du mari seul puisse nuire à la femme ; que, pour que la femme puisse être atteinte indirectement ou directement par un acte du mari, il faut qu'elle l'ait autorisé. Par suite, la succession mauvaise que le mari accepterait seul pourrait exposer la communauté et la femme à des poursuites de la part des créanciers héréditaires. Donc la femme doit être consultée par le mari et donner son adhésion, sinon l'acceptation par le mari seul ne conférera aux créanciers aucune action sur les biens communs. On ne peut évidemment voir dans cette règle que l'application des principes qui ont été précédemment exposés.

Mais nous nous laissons aller à l'explication de l'origine d'une législation étrangère. Cette explication est hors de notre cadre et de notre compétence. Etrangers au pays, nous n'avons qu'à le faire connaître et à exposer son droit. Il faudrait appartenir à la nation portugaise pour pouvoir dire sûrement quelles sont les idées qui ont présidé à la formation de sa constitution civile ou politique. Il nous suffit d'avoir montré que la femme mariée possède en Portugal des droits tout à fait particuliers et exorbitants, et que le mari, au contraire, y subit une situation qu'un Français trouverait amoindrie. Certes, il y a des moments où, en étudiant cette législation exotique, on se demande si la condition du mari n'est pas quelque peu semblable à celle d'un prodigue muni d'un conseil judiciaire, le conseil judiciaire étant la femme !



Fontainebleau. — E. Bourges, imp. breveté.

# LA FRANCE JUDICIAIRE

REVUE BI-MENSUELLE

## DE LÉGISLATION, DE JURISPRUDENCE ET D'ÉLOQUENCE JUDICIAIRE

**plus spécialement consacrée à recueillir**

LES TRAVAUX JURIDIQUES, HISTORIQUES ET LITTÉRAIRES

DE LA MAGISTRATURE ET DU BARREAU

FONDÉE ET PUBLIÉE SOUS LE PATRONAGE DE

MM. **G. Bédarrides** (O. ✻), président à la cour de cassation; — **A. Pouyer** (✻), président du tribunal de Rouen; — **E. Rousse** (✻), ancien bâtonnier de l'Ordre des avocats de Paris

PAR

## CHARLES CONSTANT

Avocat à la cour d'appel de Paris,
Officier d'Académie,

AVEC LE CONCOURS ET LA COLLABORATION DE

MM. **Bauny de Récy**, sous-chef à la direction générale des Domaines; — **Belot**, professeur à la faculté des lettres de Lyon; — **Bertin** (✻), ancien rédacteur en chef du *Droit;* — **Chaix d'Est-Ange** (✻), avocat à la cour de Paris; — **Coulon**, avocat à la cour de Paris; — **Desjardins** (✻), avocat général à la cour de cassation; — **Desmazé** (O. ✻), conseiller à la cour de Paris; — **Dramard**, conseiller à la cour de Limoges; — **Flourens** (✻), conseiller d'Etat; — **Garraud**, professeur à la faculté de droit de Lyon — **Glasson**, professeur à la faculté de droit de Paris; — **Herbet**, avocat à la cour de Paris; — **Huard**, avocat à la cour de Paris; — **Hugues**, conseiller à la cour d'Alger; — **Le Courtois**, professeur à la faculté de droit de Poitiers; — **Martin le Neuf de Neuf-Ville** (O. ✪), vice-président du tribunal d'Alençon; — **Moret**, avocat au conseil d'Etat et à la cour de cassation; — **Morillot**, avocat général près la cour de Besançon; — **Testoud**, professeur à la faculté de droit de Grenoble; — **Vente** (✻), conseiller à la cour de cassation; — **Villey**, agrégé à la faculté de droit de Caen; — **Viollaud**, conseiller à la cour d'Orléans.

PRIX DE L'ABONNEMENT

**18 francs par an**


PARIS

A. DURAND ET PEDONE-LAURIEL, ÉDITEURS

LIBRAIRES DE LA COUR D'APPEL ET DE L'ORDRE DES AVOCATS

G. PEDONE-LAURIEL, SUCCESSEUR

**13, rue Soufflot, 13.**

Fontainebleau. — M. E. Bourges, imprimeur breveté.

www.ingramcontent.com/pod-product-compliance
Ingram Content Group UK Ltd.
Pitfield, Milton Keynes, MK11 3LW, UK
UKHW020503220726
13923UKWH00006B/2739

9 782019 266738